L 6 J
160

ARCHÉOLOGIE
DE LA CÔTE-D'OR,

RÉDIGÉE PAR ORDRE DE LOCALITÉS, CANTONS
ET ARRONDISSEMENS,

D'après le vœu de la Commission d'histoire et d'antiquités
de la France de l'Académie royale des inscriptions et
belles-lettres, et de la Commission permanente des
antiquités formée dans le sein de l'Académie des sciences, arts et belles-lettres de Dijon;

Par C.-X. GIRAULT, J. de P.,

Président de la Commission, membre de plusieurs Sociétés
savantes de Paris et des Départemens.

... *Facta patrum, series longissima rerum,*
Per tot ducta viros antiquâ ab origine gentis.
ÆNEID., *lib.* I, *vers.* 641.

A DIJON,
DE L'IMPRIMERIE DE FRANTIN, IMPRIMEUR DU ROI.

Janvier 1823.

A MONSIEUR
SÉGUIER,
PRÉFET DE LA CÔTE-D'OR,
MEMBRE DE PLUSIEURS SOCIÉTÉS SAVANTES.

MONSIEUR,

L'hommage de l'Archéologie de la Côte-d'Or appartenoit de droit au premier Magistrat de ce département, surtout par la protection éclairée qu'il accorde aux recherches sur les antiquités de ce sol qui vit succomber la liberté gauloise sous les efforts et la tactique des Romains, et qui depuis fut, pendant plusieurs siècles, habité par le peuple vainqueur.

Mais il se joint un motif de plus pour que cet inventaire de nos richesses archéologiques paroisse sous vos auspices, MONSIEUR; c'est la haute connoissance que vous avez de la langue, de l'histoire, des mœurs publiques et privées des Grecs (1) et des Romains (2) : étude qui vous fait saisir au

---

(1) De l'emploi des conjonctions, suivi des modes conjonctifs dans la langue grecque. Paris, 1814, in-8°.

(2) Lettre sur l'édition de Tacite, qui fait partie de la nouvelle collection des classiques latins. Dijon, 1821, in-8°.—M. Séguier

premier coup d'œil les monumens de ces peuples, en distinguer les rapports et les nuances, et les juger en maître habile, profondément versé dans une science sur laquelle tant de personnes n'ont que des notions superficielles aujourd'hui.

Vous portez, MONSIEUR, un nom également illustre dans les fastes de la magistrature et dans les recueils de l'érudition (1) ; et, sous ces deux rapports, vous en soutenez dignement la gloire : c'est donc tout à la fois au magistrat et au savant que cette dédicace est offerte. Daignez l'agréer, MONSIEUR, comme une foible preuve de ma reconnoissance pour les bontés dont vous voulez bien m'honorer particulièrement, et de la haute et très respectueuse considération avec laquelle j'ai l'honneur d'être,

MONSIEUR,

Votre très humble et très obéissant serviteur,

C.-X. GIRAULT.

Dijon, le 1.er décembre 1822.

---

a en porte-feuille un plus grand ouvrage, contenant des remarques sur Tacite, remplies d'une haute érudition.

(1) Jean-François SÉGUIER, de l'Académie des inscriptions, antiquaire et numismate distingué, d'après la position des trous qui recevoient les crampons des lettres, recomposa l'inscription placée sur le portique de la maison carrée de Nismes.

AVANT-PROPOS.

La savante Académie des inscriptions et belles-lettres, dans le rapport qui lui a été fait, le 29 juillet 1821, sur les travaux des diverses commissions archéologiques de la France, a daigné distinguer (page 7 *in fine*) la notice que nous avons publiée (juin 1821) des divers objets d'antiquités jusqu'alors découverts dans le département de la Côte-d'Or, et a bien voulu applaudir à l'idée de faire participer à la découverte des antiquités, tous les hommes éclairés du département. Mais cette Académie (*lettre ministérielle du 8 juillet 1822*), a demandé que cette série de monumens, au lieu d'être faite par analogie d'objets archéologiques, fût rédigée par communes, cantons et arrondissemens. Déférant à ce vœu des maîtres en cette partie, nous avons refondu notre première notice, et lui avons donné la forme désirée; et comme l'édition de cette première notice est épuisée, nous en donnons une seconde, dans un nouvel ordre, plus détaillée, et augmentée des découvertes faites depuis dans ce département.

Nous ne saurions nous tromper en suivant la marche indiquée par les plus célèbres antiquaires de la France; aussi nous espérons que ce nouveau travail sera accueilli avec autant d'indulgence que les précédens (1); et qu'il remplira éminemment le même but, celui de rendre soigneux et attentif à la découverte des monumens antiques dans les lieux où l'on en a déjà recueilli, par conséquent où il en peut exister encore, et d'inciter MM. les maires, curés et desservans, propriétaires, architectes et conducteurs de travaux, à surveiller les fouilles et excavations faites dans leurs communes, et à en donner sur le champ avis aux membres de la Commission des antiquités, pour qu'ils puissent s'y transporter, s'ils le croient nécessaire, et examiner le mérite de la découverte.

« D'après ce mode, chacun verra dans sa contrée ce qui le concerne, et n'ayant à s'occuper que des lieux qu'il habite, redoublera de surveillance, et sa surveillance deviendra d'autant plus simple et plus facile qu'elle sera limitée aux localités.

―――

(1) A la distribution des prix archéologiques, qui a été faite par l'Institut à sa séance du 20 juillet 1821, le premier accessit fut décerné à M. GIRAULT. Le 26 juillet 1822, il obtint la première des médailles d'or.

ARCHÉOLOGIE
DE LA CÔTE-D'OR.

ARRONDISSEMENT DE DIJON.

Deux routes romaines traversoient cet arrondissement :

Celle de Langres à Châlon-sur-Saône, par *Orville, Til-Châtel, Gemeaux, Marsannay, Norges, Bellefond, la Colombière, Perrigny, Broindon, Epernay, Saint-Bernard, Argilly* et *Villy.*

L'autre, de Langres à Dôle, par *Sacquenay, Fontaine-Française, Mirebeau, Pontailler, Auxonne* et *Dôle.*

Le long de ces deux routes on a rencontré des médailles et des monumens romains, entre autres à *Sacquenay* et à *Norges* des fragmens de colonnes milliaires.

Canton d'Auxonne.

Le soc de la charrue a rencontré, en 1816, sur le territoire d'Auxonne, près du hameau des *Trois-Maisons,* un tronçon de colonne portant l'inscription : *Imp. Cæs. Traian. Hadrian. p. m..... pot.*

cos. II, probablement placée le long de la voie romaine.

En 1764 on trouva sur le territoire d'*Auxonne* beaucoup de médailles romaines du II.ᵉ siècle.

A *Brize*, hameau au N. E. de cette ville, on a découvert en 1772 un pot rempli de neuf cents médailles gauloises de très bon argent ; à *Billey*, en 1803, une pièce celtique en or ; sur le sol de *Tillenay*, d'anciens tombeaux.

M. Girault a traité plusieurs points de l'histoire de la ville d'Auxonne. (*Magas.-Encycl.*, juillet 1809. — mars 1810. — mai 1812.)

Canton de Genlis.

Rouvres est le lieu le plus ancien de ce canton ; le roi Thierry y avoit son palais : on lit un mémoire à ce sujet dans les *Variét. historiq.* (par Dreux du Radier), tom. 1ᵉʳ, 1-15. D. Grappin a disserté à ce sujet (Fontette, 449, 450.) M. Girault s'en est aussi occupé. (*Lett. manusc. en porte-feuille.*)

Canton de Dijon.

Le sol de cette ville fut très anciennement habité ; on y découvre, à chaque fois qu'il est fouillé à quelque profondeur, des fragmens de temples, d'autels, de grands édifices, de colonnes, corniches, de tombeaux, de bas-reliefs antiques, dont la plupart sont conservés au Jardin des Plantes, dans celui de M. de Vesvrotte et dans celui de l'Académie, dans les murs de clôture des maisons Mielle, Baudot, etc., etc., etc.

On se propose, et M. le comte Forbin de Janson, inspecteur général des Musées de France, seconde fortement ce projet, d'affecter une salle, au rez-de-chaussée, sous le Musée, pour y placer tous ces fragmens antiques dans l'ordre qu'ils le demandent, et former ainsi un Musée d'archéologie, tant en pierres qu'en bronze et métaux, tel qu'il existe dans plusieurs villes de France.

Les abbés Fyot(1), Richard(2), Chennevet(3), Courtépée(4) et Boullemier(5); Jean Richard(6), Jean Guenebaud(7), Franç. Baudot(8), Dom Plancher(9) et Antoine Garreau(10); MM. Legouz-Gerland(11), P.-L. Baudot(12), J. Antoine(13), et Girault(14), ont amplement disserté sur l'ancienne

---

(1) Hist. de l'abbaye de Saint-Etienne. Dijon, 1696, in-folio.
(2) Tablettes de Bourgogne, 1753 à 1760, in-24.
(3) Mém. à la suite des Almanachs de la province.
(4) Descript. hist. et top. de Bourgogne, in-8.°, 7 vol.
(5) Mém. manus. à l'Académie de Dijon.
(6) Antiquitat. Divionens. Paris., 1685, in-8°.
(7) Réveil de Chyndonax. Dijon, 1621, in-4°.
(8) Lettres sur l'origine des villes d'Autun et de Dijon, 1710.
(9) Hist. générale de Bourgogne. Dijon, 1739, in-fol., 4 vol.
(10) Descript. du Gouvernement de Bourgogne, 1734, in-8°.
(11) Dissert. sur l'origine de Dijon, 1771, in-4°.
(12) Nouv. mélang. historiques, 1810, in-8.°, 2 vol.
(13) Plusieurs Mémoires détachés sur divers monumens.
(14) Essais sur Dijon, 1814, in-12, 564 pages.

existence de cette ville, d'après les monumens découverts dans le temps où ils écrivoient et en partie conservés aujourd'hui.

M. Girault a publié des mémoires particuliers sur l'époque de la mort de Saint Benigne, 1817; — sur les tombeaux découverts sur le Mont-Afrique, 1818; — sur ceux trouvés sous la rue Berbisey en 1820; — sur les fouilles de la rue des Singes en 1819, etc., etc. M. Mathieu, membre de la Commission, a donné une notice sur des tronçons de colonnes antiques et morceaux de sculpture provenant des fondations du nouveau théâtre, etc., etc.

A *Talant*, on a découvert dans les vignes une petite statue de *Crepitus*; on prétend que les Druides y avoient un autel consacré *Virgini pariturœ*. M. Girault a donné une notice sur la salle gothique souterraine qui y fut découverte en 1821.

A *Bellefond*, on reconnoît encore les traces d'une voie romaine.

A *Larrey*, on trouva en 1800 une grande quantité de médailles en argent de bas aloi, pesant sept livres poids de marc; le fondeur qui les acheta n'en retira que quatre marcs et demi d'argent fin.

L'abbé Boullemier a donné un mémoire sur la bataille gagnée par Clovis à *Fleurey-sur-Ouche*, l'an 500 : on y découvrit un monument équestre.

A *Norges*, on a déterré une colonne milliaire ; à *Bressey-sur-Tille*, un bas-relief des Déesses-Maires, gravé dans Legouz-Gerland; à *Dijon*, le beau bas-relief du Triumvirat, et quantité de débris de sépulcres gaulois.

A *Neuilly*, d'anciens tombeaux; à *Perrigny*, de belles colonnes; à *Orgeux, Chevigny, Cessey*, des fragmens antiques; à *Romeley* près Dijon, beaucoup de médailles du Bas-Empire.

Canton de Pontailler-sur-Saône.

Le *Mont-Hardou* qui domine cette ville, est l'emplacement de l'antique cité d'Amagetobria, mentionnée dans les Commentaires de César, sur laquelle M. Girault a publié deux dissertations. (*Mém. Acad. Celt.*, tom. 1er.) On ne sauroit remuer le sol du *Mont-Hardou* sans y trouver de précieux débris d'antiquités. M. Leschevin a décrit celles trouvées dans les fouilles de l'an x. (*Magas. Encycl.*, an XII et 1807.) C'est en ce lieu que fut trouvée cette superbe statue de bronze de *Vénus Anadyomene*, etc.

A *Perrigny*, on a trouvé le bras d'une statue en bronze, mi-grandeur, conservé dans le cabinet de M. Amanton.

A *Saint-Sauveur*, on a mis à découvert un pavé mosaïque en verre de neuf lignes d'épaisseur.

Canton de Mirebeau.

A *Mirebeau*, on a signalé les restes d'un amphithéâtre des Romains.

A *Jansigny*, on voit une motte oblongue qui indique une tombelle celtique.

Renéve fut le théâtre du cruel supplice infligé à la reine Brunehaut. Ce point d'histoire a été éclairci par M. Girault. (*Mag. Encycl.*, décembre 1810.)

L'abbaye de *Bèze* est un lieu ancien, connu dès l'établissement de la Monarchie : sa chronique est insérée dans le Spicilège d'Acheri.

Canton de Fontaine-française.

Ce village est remarquable par le combat qu'y gagna Henri IV le 5 juin 1595; combat dont M. Girault a publié le récit, 1822, in-8°.

Une voie romaine passoit à *Fontaine-Française*.

On a remarqué sur les bords de la Vingeanne plusieurs restes d'antiquités.

Canton de Selongey.

A *Sacquenay*, en 1703, on découvrit une colonne en l'honneur de l'empereur Claude Ier, dont Legouz-Gerland a donné l'inscription.

Dans la forêt de Chamberceau, finage de *Selongey*, on remarque des ruines, d'anciennes constructions.

A *Isôme*, commune frontière, mais hors du département, on a trouvé une petite statue en bronze de Jupiter-Taranis, dont M. Girault a donné la description.

La reine Brunehaut étoit à *Orville* lorsqu'elle fut

arrêtée pour être conduite au camp de Clotaire. (Mém. de M. Girault, *Mag. Encycl.*, décembre 1810.)

Canton de Graucey.

Quoique ce canton ait été très anciennement habité, l'on n'y a pas encore signalé des vestiges d'antiquités remarquables.

Canton d'Is-sur-Tille.

L'abbé Nicaise tiroit les noms de plusieurs villages de ce canton, des divinités du paganisme : Is-sur-Tille, de *Isis*; Diénay, de *Diane*; Lux, de *Lucine*, etc., etc., ce qui prouveroit une haute antiquité. Ce savant découvrit à *Villey* l'inscription *Minerviæ Arnalyæ*, dont parle l'abbé Le Bœuf, pag. 274, tom. 2.ᵉ du *Rec. de div. écrits p. serv. à l'hist. de France*.

Vers le commencement de ce siècle, on a découvert à *Moloy* plusieurs tombeaux antiques.

Til-Châtel est une ancienne station romaine, sous le nom de *Tile*, marquée dans la carte de Peutinger. Saint Florent y fut martyrisé en 264 par les Vandales.

Lux est situé entre l'ancienne ville d'*Antua*, capitale du canton des *Attoariens*, et le *Bourg-d'Ogne*, première station des Bourguignons. M. Girault a visité et fouillé ces emplacemens dans une excursion archéologique dont il a envoyé la relation. Voyez aussi le mémoire du même antiquaire sur les *grands plaids de Dieu* tenus dans cette plaine en 1116. (*Mém. Acad. Dijon*, 1819.)

Saint Benigne fut arrêté à *Epagny*, dans le 2.ᵉ siècle, pour être conduit au martyre. Voyez Discussion sur l'époque de la mort de Saint Benigne par M. Girault. (*Mém. académ. de Dijon*.) On y trouva plusieurs tombeaux en pierre, renfermant des squelettes dont la tête étoit placée sur la poitrine, ce qui semble indiquer qu'ils ont été décapités.

En 1822, M. Girault a reconnu un ancien tombeau sur la route de *Diénay à Tarsul*, vis-à-vis le bocard et des escaliers qui conduisoient sous le massif de la route sous laquelle on n'a pu creuser.

On a rencontré des médailles et fragmens antiques sur les finages de *Gemeaux, Saulx-le-Duc, Til-Châtel, Lux, Is-sur-Tille*, etc.

Canton de Saint-Seine.

On a parlé d'un monument gaulois près de la *source de la Seine*, en 1763; il est mentionné dans la Bibl. de La Cr. du Maine. (*Fontette, add.,* V, n.° 3855.)

Canton de Sombernon.

Malain (*Mediolanum*), étoit l'ancienne capitale des Insubriens, dont une colonie fonda la ville de Milan en Italie où elle avoit pénétré sous la conduite de Bellovèse.

Mémont étoit le chef-lieu du *Pagus Magnimon-*

tensis, et portoit le titre d'*oppidum*. Sur le sol de ce village un laboureur trouva une aiguière d'or qu'il s'empressa de vendre à un orfévre.

M. Chaussier-Morisot s'est plu à composer un musée spécial des monumens d'antiquités trouvés sur le sol de ces deux villages ; bas-reliefs en pierre, corniches, colonnes, fibules, clefs, médailles, mosaïques, etc., etc. Il seroit à désirer que dans chaque canton il se trouvât un amateur de ce genre ; l'archéologie de la France seroit bientôt achevée.

Les territoires de *Mâlain* et de *Mémont* sont inépuisables en monumens antiques.

Canton de Gevrey.

A *Gevrey*, sont les restes d'un cimetière gaulois. Une clef antique et des médailles romaines de différens âges, des lampes funèbres, etc., etc., ont été signalées.

Sur le sol de *Quemigny*, on rencontre très souvent des médailles romaines ; on en trouve aussi dans l'arrière-côte.

ARRONDISSEMENT DE BEAUNE.

Plusieurs voies romaines traversoient cet arrondissement.

Celle d'Autun à Avalon, par *Savilly*, *Brazey*, *Saint-Martin-de-la-Mer*, *Saulieu*.

Celle d'Autun à Alise, par *Viévy*, *Magnien*, *Arnay*, *Musigny*, *Créancey*, *Sombernon*.

Celle d'Autun à Besançon, par *Cussi*, *Monceau*, *Écharnant*, *Bouze*, entre *Beaune* et *Savigny*, *Gigny*, *Villy-le-Moutier*, *Montmain*, *Glanon*, *Pagny*.

Celle de Langres à Châlon, par *Épernay*, *Saint-Bernard*, *Argilly*, *Villy*, *Muresanges*.

Tous ces lieux sont signalés par des monumens d'antiquités.

Canton de Pouilly.

A *Éguilly*, on a découvert en 1775 les restes d'un pavé mosaïque.

A *Chailly*, un bas-relief de Mercure est incrusté dans les murs du Presbytère.

A *Thoisy-le-Désert*, en 1780, on déterra deux boucliers ronds, l'un d'un fer brut et très oxidé, l'autre mieux conservé et d'un très beau travail ; ils étoient dans le cabinet de M. RIOLLET à Val-Croissant. A *Thoisy*, dans la maison Champeaux, on trouva en 1749, dans un coffre, quarante-cinq gros anneaux d'argent et un d'or ; en 1772, on y découvrit un pot rempli de médailles du Bas-Empire.

A *Beurey-Beauguay*, on mit au jour des tombeaux de pierre informe, ce qui les doit faire présumer celtiques : le peuple y attache un usage bizarre et superstitieux.

Les feux allumés la nuit sur les hauteurs de *Créancey*, servoient de signal entre les Gaulois.

A *Saiserey*, en 1801, on découvrit un vase contenant beaucoup de médailles P. B. du Bas-Empire.

A *Pouilly*, on a trouvé un trésor de plus de cinq cents médailles en argent de l'empereur Hadrien.

Sur le *Mont-Barbe*, où sont situés l'église et le château de *Chatellenot*, le territoire est parsemé de dards, fers de flèches, javelots, traits d'arbalètes ; on y a vu des tombeaux dans lesquels les squelettes n'avoient pas été dérangés ; en 1806, on y trouva des tiers de sols d'or de Magnence et de Constant, et dix-huit livres poids de marc de médailles de Tétricus.

Canton de Liernais.

A *Sussey*, on signale un monument celtique haut de douze pieds, large de quatre, taillé en tranche par le haut, appelé la *Pierre-Pointe*.

A *Bar-le-Régulier*, on croit reconnoître les vestiges d'une castramétation romaine.

Canton d'Arnay.

A *Allerey*, on trouva un cheval sculpté en pierre blanche, et auprès une clochette.

Dans la plaine d'*Huilly*, au gué de Bosc, on trouva en 1749 les ossemens de deux hommes de six à sept pieds de stature (*Galli septipedes*) ; chacun d'eux avoit à son côté un coutelas rouillé.

A *Viévy* et *Magnien*, on a découvert des fragmens d'antiquités celtiques et romaines, dont plusieurs furent gravés par M. Pasumot.

A *Arnay*, plusieurs médailles romaines.

A *Jouey*, en 1805 ou 1806, on découvrit une belle statue en bronze d'un Faune dansant.

A *Champignolles*, au champ des Barres, plusieurs ruines et restes d'antiquités.

Canton de Nolay.

A *Chassagne*, la pierre appelée *Tonton-Marcèle*, autour de laquelle sont d'autres grosses pierres à moitié levées sur la tranche, paroît être un *Dolmen* druidique.

A *Molinot*, deux figures antiques ont été incrustées dans le mur de l'église ; au bas de ces figures on voit une inscription.

A *Saint-Romain*, le peuple voue les enfans noués à la fontaine de *Saint-Ploto* (*Pluton* ou *Plutus*). En 1772 on y a trouvé des médailles romaines.

A *Puligny*, au climat de *Charmesson*, on découvrit, en 1765, six tombeaux couverts, renfermant des ossemens et de vieilles armes.

La montagne de *Châtillon* près *Nolay*, a paru à M. PASUMOT être les restes d'un camp gaulois encore assez bien conservé. En 1796 on trouva près de *Nolay* une grande quantité de deniers consulaires en argent ; des médailles romaines et une inscription latine près de *Creot*.

Sur les finages d'*Aubigny*, *Jours-en-Vaux*, dans un mur du château de *Santenay*, on a découvert des médailles.

A *Santenay*, en 1822, en élargissant le bassin de la fontaine minérale de ce lieu, dans le pré où elle surgit, on a mis à découvert plusieurs médailles romaines de diverses époques, recouvertes d'une lame d'or extrêmement mince.

Canton de Bligny-sur-Ouche.

A *Cussi-la-Colonne*, on voit cet obélisque sur lequel tant d'antiquaires ont disserté ; M. Girault a démontré, dans une dissertation imprimée, 1821, in-8°, que l'érection de cette colonne doit se rapporter à la défaite de Sacrovir par les armées romaines.

A *Lusigny*, on a trouvé une statue du Bacchus gaulois ayant un baril sous le pied gauche, et beaucoup de médailles de Probus et de Constantin.

A *Bouilland*, plusieurs bas-reliefs qui étoient conservés au château de *Savigny*.

A *Bessey-en-Chaume*, d'anciens tombeaux.

A *Bligny*, à *Monceau*, des statues antiques et des médailles.

A *Grammont*, le buste d'un Gaulois bien conservé, encastré dans les murs du jardin du fermier, et un bas-relief de Mercure.

A *Thorey-sur-Ouche*, en 1774, plusieurs médailles romaines.

Canton de Nuits.

A *Villy*, où se croisoient deux voies romaines sur lesquelles M. Girault a donné des éclaircissemens insérés au *Mag. Encycl.*, janvier 1812, un bas-relief de Minerve étoit enchâssé dans les murs extérieurs de l'église.

En 1775, on trouva dans les vignes d'*Arcenant* une médaille consulaire de la famille *Rubria*; en 1747, dans l'étang d'*Agencourt*, un Auguste d'or; et en 1806, un Titus également en or.

Vers la fin du dernier siècle, on trouva dans les bois de *Cîteaux* soixante médailles d'argent d'Alexandre Sévère, et à la rente *du Saule*, une médaille d'or du même empereur.

A *Comblanchien*, en 1772, on a trouvé des médailles romaines.

A *Corgoloin*, on trouva une colonne de quatorze pieds de hauteur, qui sert de croix à *Boncourt-la-Ronce*, et la belle figurine en bronze de l'empereur Hadrien, sur laquelle M. Girault a donné une dissertation et l'explication.

A *Villers-la-Faye*, sur le haut de la montagne près de l'église, on a souvent découvert des tombeaux, des urnes, de vieilles armes. Idem, à *Gerland*, dans le bois de la *Chausselle*, près du chemin ferré.

Canton de Beaune-nord.

La ville de *Beaune* est antique : son nom *Belna*, contraction de *Bellona*, l'inscription *Minerviæ cives*, ses armoiries, d'abord une Minerve, à laquelle depuis on ajouta un enfant pour la transformer en N.-D., sont des preuves irréfragables de la haute antiquité de cette ville qui fut le chef-lieu du *Pagus Arebrignus*, décrit par l'orateur Eumène. (Lettre de M. Girault, *Esprit des Journ.*, fév. 1810.)

En 1809, on y découvrit un petit trésor de médailles du Bas-Empire.

A *Vollenay*, dans le mur du cimetière, étoit incrustée la statue d'un Druide appelé par les gens du pays, *Saint Fremy*. En 1774, on trouva sur le territoire de ce village un casque damasquiné en or.

A *Mavilly*, plusieurs bas-reliefs antiques ont été découverts; ils sont gravés dans l'histoire de Beaune; l'église est bâtie sur les fondations d'un temple des Païens. En 1822, M. MORELOT, correspondant de la Commission, les a reconnus et a donné un mémoire à ce sujet.

A *Savigny*, on a trouvé des antiques, et dernièrement un tombeau romain dont M. GIRAULT a donné la description et l'explication, (*Ann.* 1820, *in-*12.)

A *Pernant*, on a trouvé plusieurs tombeaux, dans l'un desquels étoient deux petites cuillers en argent à demi-rongées et cinquante médailles du Bas-Empire, et des bas-reliefs gaulois.

A *Auxey*, en 1772, on a déterré dans les vignes des cercueils en plomb.

A *Gigny*, en 1766, on a trouvé le bras et les débris d'une statue en marbre blanc.

Monthelie avoit un cimetière gaulois.

Canton de Beaune-sud.

Ce canton est l'ancien *Pagus Arebrignus*, dont les plaines fertiles s'étendoient jusqu'à la Saône, chargé de vignes si anciennes, au dire d'EUMÈNE, qu'on ne pouvoit déjà plus assigner leur âge. (Voyez notice de M. Girault sur Eumène, *Mag. Encycl.*, avril 1812.

En 1807, on a trouvé à *Ruffey* une grande quantité de monnoies du Bas-Empire.

A *Combertault*, en 1803, on découvrit au pied d'un chêne, un vase en cuivre, rempli de médailles d'or du Bas-Empire.

Canton de Seurre.

La ville de *Seurre* a succédé à une des quatre principales cités de la grande *Séquanie*, celle de *Dittatium*. M. de Lampinet, le P. Dunod, le Docteur Normant, M. de Persan, ont fait des dissertations pour établir que Dôle a succédé à cette antique cité (Fontette , 262, 263). L'Académie de Besançon avoit proposé pour sujet du prix d'histoire, en 1754, de déterminer la situation des principales villes de la *Séquanie* (Fontette, 344) ; le P. Romain Joly combat le sentiment de l'auteur couronné, et incline plutôt à penser que *Verdun-sur-Doubs* est l'ancienne *Dittatium*. M. Girault a placé, le compas à la main, *Dittatium* au *vieux Seurre*, tertre au territoire de Lavilleneuve, à une lieue S. S. O. de *Seurre*, sur la frontière du département de Saône-et-Loire. Le mémoire de M. Girault est imprimé dans le *Mag. Encycl.*, mars 1811, *et Mém. de la Soc. roy. des antiq. de Fr.*, t. 1.er; l'auteur y réfute les opinions de ceux qui l'ont devancé dans la carrière, et qui, par un sentiment en faveur de leur province, avoient placé *Dittatium* à *Dôle* et ailleurs.

A *Pouilly*, sur le bord occidental de la Saône, existoit une tombelle antique, monument d'une grande bataille entre les Eduens et les Séquanois, 74 ans av. J.-C., de laquelle M. GIRAULT a donné la description, l'explication et la gravure, imprimées dans le *Mag. Encycl.*, avril 1816, et dans le tom. VI des *Mém. de l'Acad. Celt.*

A *Pouilly*, au *Châtelet*, à *Pagny*, à *Bagnot*, on a trouvé des médailles romaines; et dans le faubourg de *Chamblanc* près *Seurre*, un Trajan d'or.

Canton de Saint-Jean-de-Laône.

Laône est un lieu très ancien, puisqu'on fait dériver son nom de *Latone*. M. GIRAULT a traité épisodiquement de l'antiquité de ce lieu dans le Voyage du roi Dagobert qui vint y tenir des assises (*Mag. Encycl.*, juin 1812); et dans la Conférence tenue à *Laône* entre Barberousse et Louis le Jeune. (*Mag. Encycl.*, juillet 1811.)

Il a publié le récit des désastres causés par Galas dans les environs de cette ville. (*Annuaire*, 1821.)

A *Charrey*, en 1820, on a découvert le long d'un bois une petite statue d'Hercule enfant, étouffant un serpent de chaque main, et plusieurs urnes en verre. On a aussi trouvé à diverses époques, en fouillant le territoire de cette commune, des médailles romaines.

A *Brazey*, en 1802, on a trouvé à six pieds de profondeur, des tombeaux antiques, sans aucune inscription, et auprès des ossemens; dans le tombeau étoit un vase en terre grossièrement travaillé.

ARRONDISSEMENT DE SEMUR.

Nommer *Alise*, c'est dire que plusieurs voies romaines traversoient cet arrondissement : en effet, on a signalé celle d'Autun à Alise, et de là à Sens, par *Mont-Saint-Jean, Pouillenay, Alise, Fain, Marmagne, Montbard* et *Rougemont*; celle d'Alise à Langres, par *Menetreux, Bussy-le Grand, Duesme et Beneuvre*; celle d'Alise à Sombernon, et de là à Dijon et Beaune, par *Hauteroche, Salmaise, Chevannay, Saint-Mesmin, Sombernon*; celle d'Autun à Avalon, par *Saint-Martin-de-la-Mer, Saulieu, Saint-Didier, Laroche-en-Brenil, Rouvray*. Dans tous ces lieux et ceux intermédiaires, on a trouvé des monumens et des médailles.

Canton de Montbard.

La ville de *Montbard*, qui tire son nom des Bardes Gaulois (*Mons Bardorum*), ne sauroit être étrangère aux monumens de l'antiquité; cependant on n'en a encore signalé aucuns vestiges, faute d'avoir été soigneux de les remarquer lorsque son sol a été fouillé.

A *Grignon*, en 1772, on a découvert des médailles romaines et de vieilles tombes.

Au moulin de *Bocavault*, on a reconnu un *peulvan* druidique dont MM. de Chambure et Girault ont envoyé la description.

Canton de Flavigny.

Dans ce canton existoit *Alise*, ville qui fut le tombeau de la liberté de nos pères. Un mémoire de feu M. Baudot aîné sur le résultat des fouilles exécutées en 1810 sur son territoire; trois rapports sur celles ouvertes en 1819, 1820, 1822, par M. Girault; une dissertation du même sur la roue de *Némésis* et l'inscription de *Sestius Nigrinus*; un rapport de M. de Chambure sur lesdites fouilles; une dissertation du même sur l'inscription *Deo Moritasgo*; et une notice de M. Mathieu, membre de la Commission des antiquités, sur un petit bas-relief en pierre, sorti des fouilles d'*Alise*, lequel représente, suivant M. Mathieu, Jupiter et la ville d'*Alise*, prouvent combien la mine archéologique est riche sur le plateau du *Mont-Auxois*. En 1804, on y trouva, dans les terres labourées, un trésor de plus de 3000 fr.

A *Marigny-le-Cahouet*, le bas-relief d'un Mercure gaulois servoit de support à un bénitier. Des tombeaux anciens y furent découverts.

A *Blessey*, on trouva la petite galère en bronze gravée dans l'*Encycl. suppl.* tom. V.

A *Flavigny*, on mit au jour les vestiges d'un temple romain composé de 20 arcades soutenues par des piliers qui portoient sur leurs faces diverses allégories telles que: la Fortune, un Sacrificateur, un Hercule, un Gladiateur, Mercure, Pan, un Guerrier armé, un Vaisseau voguant sur les ondes, la Louve de Romulus, l'inscription AUG. SAC. La destruction de ces précieux restes fut consommée en 1748, lorsqu'on reconstruisit l'église Saint-Pierre, sous laquelle on devroit encore par la suite des temps en rencontrer des débris.

Canton de Vitteaux.

A *Gissey-le-Vieil*, dans les jardins du château, on déterra une colonne dont l'inscription portoit qu'elle avoit servi d'autel à *Auguste*.

Canton de Semur.

A *Corsaint*, l'on rencontra un pavé mosaïque représentant un soleil accompagné de divers emblêmes, et des anciens tombeaux. On croit que Saint-Jean de Réôme y fut d'abord inhumé. Un laboureur de *Flée*, ayant trouvé dans son champ un trésor, le fermier le fit condamner à lui payer 100 fr.; mais par arrêt de 1641, le Parlement renvoya le laboureur de la demande de l'avide fermier.

Canton de Précy-sous-Thil.

A *Arcenay*, en 1774, on découvrit des médailles romaines, et des tombeaux renfermant des ossemens, ainsi que sur les finages de *Vic* et de *Précy*.

A *Clamerey*, on a pareillement découvert des tombeaux, des urnes, de vieilles armes.

Une voie romaine passoit à *Rouvray*.

A *Vic-sous-Thil*, le clocher est bâti avec des pierres blanches provenant des tombeaux qui étoient enfouis dans le territoire de ce village.

Canton de Saulieu.

A *Laroche-en-Brenil*, on a signalé une castramétation romaine, et en 1749 d'anciens tombeaux.

A *Saint-Andeux*, l'énorme pierre *Culin* est un monument druidique. Le peuple croit y voir l'empreinte du Diable.

A *Villargoix*, on a trouvé à dix pieds de profondeur, un pavé mosaïque, des fragmens de pilastres, des restes de fourneaux recouverts de larges carreaux, et des médailles romaines; un candelabre en fer de huit pieds de hauteur, une lampe sépulcrale et des ossemens.

A *Saulieu*, la *Pierre-Écrite* est de même un monument celtique. Cette ville tire son nom d'un temple consacré au soleil, dont on a reconnu des vestiges. Dès le 2.e siècle de l'ère chrétienne, St. Andoche et St. Thyrse y souffrirent le martyre. Charlemagne honora cette ville de sa visite. Le Pape Calixte II y confirma les 1ers statuts de l'ordre de Cîteaux.

M. Morelot, correspondant de la Commission, a donné la description d'un tombeau récemment découvert dans les environs de cette ville.

En 1749, à *Thorey sous Charny*, on a trouvé plusieurs médailles romaines, et des tombeaux à *Moux* près Saulieu; on remarque les restes d'une castramétation romaine, bien conservée et très visible, entre Fraignot et la maison basse, appelée le *Champ des Gaulois*.

ARRONDISSEMENT DE CHATILLON.

Deux voies romaines existoient dans cet arrondissement; en plusieurs lieux on en remarque encore des vestiges plus ou moins bien conservés; l'une d'ALISE à TROYES, par *Bussy-le-Grand*, *Lucenay*, *Villaines*, *Larrey*, *Lanz-sur-Laignes*, *Molesme* : l'autre de LANGRES à AUXERRE, par *Beneuvre*, *Vanvey*, *Prusly* sur Ource, *Brion* sur Ource, etc.

On sait que c'est le long des voies romaines que se découvrent souvent des tombeaux, des fragmens antiques, médailles, etc., etc.

Canton de Montigny-sur-Aube.

A *Brion* sur Ource, en 1780, dans la cave du presbytère, on trouva plusieurs tombeaux antiques dont l'un portoit l'inscription *Prisca Maximilla*. Ce lieu est encore remarquable par la bataille de 1359, gagnée par les Anglais sur les Bourguignons.

Canton de Châtillon-sur-Seine.

A *Châtillon*, en 1779, dans les démolitions du bâtiment des Dames brûlées, on remarque une autre inscription de la même *Prisca Maximilla*.

En juin 1810, dans l'emplacement du château, on déterra à six pieds de profondeur, deux tombeaux antiques portant en caractères romains des inscriptions d'*Enilis* à son mari, de *Taecso* à son épouse, et des fragmens de bas-reliefs d'assez bon goût, de pilastres à trois faces, etc., etc.

De cette ville sortoient plusieurs voies romaines,

désignées par feu M. l'abbé *Bourceret*, correspondant de la Commission, qui a laissé une histoire manuscrite de Châtillon, très détaillée, en 6 volumes in-4.°

La Chassagne, hameau dépendant de *Prusly sur Ource*, fut le lieu où fut conclu le traité de paix du 23 juillet 1359, entre le roi de Navarre et le Duc de Bourgogne, par l'entremise de leurs ambassadeurs. Sur le jumeau (montagne) voisin, finage de *Massingy*, on trouva en 1804, 700 médailles romaines consulaires des familles *Antonia, Claudia, Calpurnia, Junia, Lucretia, Marcia, Papia, Servilia*, etc.

Les alentours de Vix, Pothières, Crevan, Bouix, Etrochey, St.-Marcel, sont riches en antiquités.

A *Vix*, suivant l'abbé Bourceret, existoit l'ancienne ville de *Latisco, Latiscum*, détruite par les Vandales qui lui firent soutenir un long siège ; elle fut rebâtie par Gerard de Roussillon, qui s'en étoit fait un point de défense contre Charles-le-Chauve, par lequel il fut vaincu dans les plaines d'*Etrochey*. En 860, le même Gerard de Roussillon s'étant révolté contre Charles-le-Chauve, cet empereur fit marcher des troupes pour le réduire, et la forteresse de *Latiscon* fut rasée. L'abbé Leblanc rapporte, fol. 134, une pièce de monnoie sur laquelle on lit *Latissio Caste*.

Cette forteresse de *Latisco*, située sur le Mont Lassois, ou Mont Roussillon, aujourd'hui Mont St. Marcel, au pied duquel coule la Seine, étoit le chef-lieu du *Pagus Latiscensis*; et pour signe de cette ancienne prééminence, le prévôt de Châtillon devoit aller tenir les assises une fois par an sur le Mont Lassois, dans la partie du finage d'*Etrochey*, qui fut reconnue dépendre du duché de Bourgogne, par arrêt de 1752. *Vix* au contraire dépendoit de la province de Champagne.

Vers le milieu du dernier siècle, on mit au jour sur le territoire de *Vix* les vestiges d'une vaste porte bâtie en grosses pierres de taille, façonnées en pointe de diamant, qui étoit sans doute l'une des portes de *Latisco*, puisqu'on rencontra tout auprès les restes d'une voie antique.

Vingt ans plus tard, entre *Bouix* et *Pothières*, on mit à découvert une salle souterraine, où étoient des médailles et autres objets antiques. Un particulier de Pothières, voulant arracher un vieux tronc de chêne, en vit jaillir un trésor de 430 médailles de petit module, la plupart de Gallien, Valérien et Victorin.

Bremur étoit une ancienne station romaine. Dans les environs de ce village, on a trouvé en 1748 beaucoup de médailles du Haut et du Bas Empire.

Canton de Laignes.

Sur le territoire de *Vertault*, à une demi-lieue ouest de l'ancienne abbaye de *Molesme*, sur une colline escarpée au levant et au midi, étoit la ville de *Lansuyne-la-Grande*, ou *Lanz-sur-Laignes*, dont l'emplacement avoit environ 700 pas de longueur, sur à peu près autant de largeur. On y rencontre toutes les marques d'une ville ruinée, des débris de sculptures, des fragmens de métaux, des médailles romaines, etc., etc. L'abbé Lebœuf (*Recueil de divers écrits pour serv. à l'Hist. de France*, 1—79) parle très au long de cette ancienne ville, qu'arrosoit la petite rivière de Laignes, détruite, à ce qu'il pense, par les Sarrasins ou les Normands. M. Girault a donné une Notice sur cette ancienne ville et sur celle de *Latisco*.

Canton de Recey-sur-Ource.

A *Leuglay*, commune de Voulaine-les-Temples, ancien chef-lieu du grand prieuré de Champagne, on exhuma, en 1728, sous l'autel, les corps de cinq Chrétiens martyrisés du temps des Vandales, et une inscription sur *papyrus*.

Velay, commune de Beneuvre, est un lieu ancien, beaucoup plus considérable autrefois. En 1775 on y trouva une statue de bronze de 14 pouces de hauteur, du poids de 4 livres, représentant des Pénates. Etant tombée entre les mains avides de l'ignorance, elle fut vendue à un chaudronnier; un amateur en eût donné bien davantage.

On signale encore des fragmens antiques de tombes sur lesquelles étoient gravés des personnages qu'on présume être des Druides; un de ces morceaux sert de jambage à la porte d'un maçon.

On y découvrit en 1748, des médailles romaines en bronze et en argent.

Canton d'Aignay-le-Duc.

Au territoire de cette commune, M. *Collon*, curé de ce bourg, correspondant de la Commission, a reconnu un *Peulvan*, monument celtique, dont M. Girault a donné la description.

On avoit précédemment découvert sur ce sol, des tombeaux renfermant des ossemens qui durent être ceux de personnages de haute stature.

On a rassemblé les deux fragmens d'un autel érigé au Dieu *Mars*; M. Girault en a donné en 1822 la description.

A *Rochefort* sur Brevon, *la pierre qui corne au bout du pont* est un monument celtique sur lequel des explications seront fournies.

Duesme, qui fut le chef-lieu du *Pagus Duesmensis*, devint plus tard l'une des meilleures forteresses de la province; une voie romaine y passoit.

Canton de Baigneux-les-Juifs.

A *Ampilly-les-Bordes*, M. *Collon* a trouvé les débris d'une amphore en terre cuite, et auprès plusieurs médailles du Haut Empire ; d'anciennes voûtes, etc., etc.

Semond (*Sedunum*), aujourd'hui simple hameau, fut jadis une ville ancienne détruite par les Barbares du V.e siècle; on y trouva un bas-relief de Cérès ayant de chaque main un flambeau allumé, gravé dans Montfaucon, tome 2.e, page 427. St. Florentin et St. Hélier y souffrirent le martyre.

En récapitulant par nature d'objets les détails qui précèdent, l'on verra que dans le département de la Côte-d'Or, on a signalé à diverses époques des Monumens druidiques à *Aignay*, *Rochefort sur Brevon*, *Bocavault*, *St.-Andeux*, *Saulieu*, *Créancey*, *Sussey*, *Chassagne*, *Pouilly-sur-Saône*, *Jancigny* et *St.-Germain-la-Feuille*.

Des Villes anciennes à *Vix*, *Vertault*, *Semond*, *Alise*, *Vieux-Seurre*, *Lux*, *Pontailler*, *Duesme*, *Malain* et *Mémont*.

Des Temples à *Flavigny*, *Saulieu* et *Mirebeau*.

Des Autels à *Aignay*, *Alise*, *Flavigny*, *Gissey-le-Vieil* et *Beaune*.

Des Castramétations et Stations romaines à *Laroche-en-Brenil*, *Moux*, *Bar*, *Nolay*, *Bremur* et *Til-Châtel*.

Des Colonnes et Inscriptions à *Cussi*, *Corgoloin*, *Auxonne*, *Norges*, *Sacquenay*, *Perrigny près Dijon*, *Leuglay*, *Villey-sur-Tille*.

Des Mosaïques à *Corsaint*, *Villargoix*, *Eguilly*, *Gissey-sur-Ouche* et *Saint-Sauveur*.

Des Statues et Figurines en bronze à *Velay*, *Marigny-le-Cahouet*, *Blessey*, *Thoisy-le-Désert*, *Jouey*, *Lusigny*, *Corgoloin*, *Vollenay*, *Charrey*, *Talant*, *Pontailler*, *Perrigny-sur-l'Oignon*, *Isôme*.

Des Bas-reliefs et Statues en pierre ou marbre à *Semond*, *Flavigny*, *Villargoix*, *Chailly*, *Allerey*, *Molinot*, *Bouilland*, *Bligny-sur-Ouche*, *Villy*, *Monceau*, *Grammont*, *Vollenay*, *Mavilly*,

Gigny, Bressey-sur-Tille, Alise, Beaune, Dijon, etc.

Des TOMBEAUX à Châtillon, Brion-sur-Ource, Voulaine, Beneuvre, Arcenay, Clamerey, Vic-sous-Thil, Saulieu, Thorey-sous-Charny, Beurey-Beauguay, Pouilly-en-Auxois, Chatellenot, Huilly, Bessey-en-Chaume, Puligny, Gerland, Villers-la-Faye, Savigny, Pernant, Auxey, Brazey, Tillenay, Dijon, Neuilly, Moloy, Epagny, Saulx-le-Duc, Is-sur-Tille, Gevrey, le Mont-Afrique, etc., etc.

Des TRÉSORS plus ou moins considérables sur les finages de Thoisy-le-Désert, Saiserey, Pouilly-en-Auxois, Nolay, Cîteaux, Ruffey, Combertault, Pothières, Bremur, Brize, Larrey, Romeley, etc., etc.

Nous ne parlons pas des lieux où l'on a trouvé quelques médailles en or, argent ou bronze; ils sont en trop grand nombre.

Ainsi le département de la Côte-d'Or est riche en antiquités déjà découvertes, et doit le devenir davantage, si chacun seconde les recherches archéologiques des personnes préposées par le Gouvernement pour les découvrir, les examiner, et pour arrêter le marteau de l'ignorance et de la destruction. C'est dans ce but qu'a été rédigée la présente notice.

Membres de la Commission permanente des antiquités, formée dans le sein de l'Académie des sciences, arts et belles-lettres de la ville de Dijon.

M. GIRAULT, *président*, juge de paix, Porte-Fermerot.
M. Peignot, *vice-président*, inspecteur d'Académie, rue Saint-Etienne.
M. Gueneau-d'Aumont, *membre*, professeur de physique, rempart de la Cathédrale.
M. le marquis de Courtivron, *membre*, maire de Dijon, place Charbonnerie.
M. Perreney de Charrey, *secrétaire*, place Saint-Jean.

Correspondans de la Commission dans les divers arrondissemens.

M. Morelot-Garreau, docteur en médecine, à Beaune.
M. Victor Rémond, avocat, à Semur.
M. Le Hup, notaire, à Alise-Sainte-Reine.
M. Collon, curé d'Aignay-le-Duc, pour les cantons d'Aignay, Baigneux et Recey.
M. Bourrée, docteur en médecine à Châtillon-sur-Seine, pour les cantons de Laignes, Châtillon et Montigny.

Travaux de la Commission des antiquités, en 1821.
Rapport sur les tombeaux découverts sur le *Mont-Afrique*, au mois de septembre 1818, par M. Girault, président de la Commission. Inséré dans les Mémoires de l'Académie de Dijon, de 1818.
Description du tombeau découvert à *Savigny-sous-Beaune*, en avril 1819, par le même. Imprimé à la suite de l'Annuaire de la Côte-d'Or, pour 1820.
Rapport sur les fouilles exécutées en 1819, sur le plateau du

Mont-Auxois, par le même. Inséré dans les Mémoires de l'Académie de Dijon, 1820.

Autre sur les fouilles exécutées en 1819, dans la rue *des Singes*, à Dijon, par le même. Inséré dans les Mémoires de l'Académie de Dijon, 1820.

Traité du luxe et de la somptuosité des Romains, dans leurs *Théâtres*, leurs *Repas*, leurs *Bâtimens* et leurs *Meubles*. Lu à diverses séances de l'Académie, par M. G. PEIGNOT, membre de la Commission des antiquités.

Rapport sur une petite statue de *Mercure*, en bronze, par M. MATHIEU, membre et secrétaire de la même Commission.

Discours sur l'utilité de la recherche et de la conservation des ouvrages qui appartiennent à l'antiquité, par le même. Inséré aux Mémoires de l'Académie de Dijon, de 1820.

Mémoire sur des tombeaux découverts à *Saulieu*, par M. MORELOT, correspondant de la Commission des antiquités pour l'arrondissement de Beaune.

Carte de la voie romaine d'*Autun à la Saône*, par le même.

Mémoire sur l'inscription *Deo Moritasgo*, qui existoit à Alise, par M. MAILLARD DE CHAMBURE, correspondant de la Commission des antiquités pour l'arrondissement de Semur.

Mémoire sur une médaille de la famille *Vibia*, par le même.

Excursion archéologique à Lux, sur l'emplacement de la ville d'*Antua* et sur celui du *bourg d'Ogne*, par M. GIRAULT, président de la Commission.

Rapport sur la salle gothique souterraine de *Talant*, par le même.

Rapport sur une statue en bronze de l'empereur *Hadrien*, par le même.

Rapport sur les tombeaux celtiques trouvés sous la rue *Berbisey*, à Dijon, par le même.

Discussion sur la colonne de *Cussi*, par le même. Imprimée en 1821, aux frais de la Commission.

TRAVAUX de la Commission des antiquités, pour 1822.

Mémoire sur un *Autel de Mars* découvert à Aignay, par M. GIRAULT, président de la Commission.

Descrip. des *Peulvans* d'Aignay et de Bocavault, par le même.

Notice sur une statue en bronze de *Jupiter-Taranis*, trouvée à Isôme, par le même.

Rapport sur les fouilles exécutées à *Alise*, en 1822, par M. DE CHAMBURE.

Autre sur lesdites fouilles, et notice sur la roue de *Némésis* et l'inscription votive de *Sestius Nigrinus*, par M. GIRAULT.

Lettre sur une médaille satirique, par le même.

Vie du maréchal de *Beauvoir*, sire de Chastellux, par le même.

Particularités inédites sur *La Monnoye*, *Crébillon* et *Piron*, par le même.

La partie du *Monasticon Gallicanum*, pour ce qui concerne le département de la Côte-d'Or, contenant des notices plus ou moins étendues sur vingt abbayes, quatre collégiales, quatre paroisses, quarante-cinq monastères d'hommes, trente couvens de filles, par le même.

Rapport sur les vestiges d'un ancien tombeau découvert dans l'automne 1822, sur la lisière du bois de *Vaux-Dixme*, territoire de *Saulx-le-Duc*, le long de la route de Thil-Châtel à Chauceaux, par le même.

Notice sur les anciennes villes de *Lansuyne* et *Latiscon*, dans les environs de Châtillon, par le même.

Archéologie de la Côte-d'Or, par le même.

M. PEIGNOT, membre de la Commission archéologique permanente, a dirigé ses travaux sur les monumens des Romains en général. La plupart des détails qu'il donne peuvent faciliter l'explication des objets que les fouilles mettent à découvert, et déterminer leur application à ce qui étoit en usage chez ce peuple qui a laissé tant de souvenirs dans les lieux qui furent par lui habités. L'ouvrage de M. Peignot a pour titre :

« Traité de la grandeur, de la richesse et de la somptuosité des
« Romains, dans leurs triomphes, leurs théâtres, leurs bâtimens,
« leurs repas, fortunes particulières, et leur ameublement ;
« suivi de recherches sur leurs monnoies aux différens temps de la
« république et de l'empire ; sur leurs poids et mesures ; sur leurs
« chiffres et leur manière de compter ; sur leurs abréviations, si-
« gles, etc. ; sur leurs différens calendriers, leur division du temps,
« leurs jours fastes, néfastes, leurs fêtes, etc. ; sur leurs noms,
« prénoms, surnoms, etc. ; enfin sur la généalogie très détaillée des
« six premiers Césars et de tous les membres de leur famille, soit
« en ligne directe, soit par alliance. »

Comme cet ouvrage est considérable, M. Peignot rendroit service à l'archéologie, en le publiant, ne fût-ce qu'isolément et par parties que l'on pourroit ensuite réunir. Tout ce qui, dans ce grand travail, a rapport à l'art militaire, surtout aux récompenses et aux armes, à l'ameublement des maisons, à la construction et à la forme des théâtres, aux monnoies, aux abréviations, aux noms propres, à la famille des Césars, peut trouver une application plus particulière aux découvertes de monumens antiques, tels que tombeaux, inscriptions, armes, meubles, médailles, etc.

Dijon, le 8 septembre 1819.

Le Préfet du département de la Côte-d'Or,

Considérant que pour obtenir tous les renseignemens qui doivent former les archives précieuses de nos antiquités nationales, S. Exc. le Ministre de l'intérieur a demandé, par sa circulaire du 8 avril dernier, qu'il fût fait dans tous les départemens des recherches exactes sur les monumens et les antiquités qui y existent;

Considérant que pour remplir d'une manière utile à cet égard, les vues de S. Exc., en ce qui concerne le département de la Côte-d'Or, il a été formé une Commission de cinq membres dans le sein de l'Académie des sciences, arts et belles-lettres de Dijon, laquelle s'est adjoint des correspondans pour parvenir à un but si important pour l'histoire, sous le rapport de la science des antiquités telles que monumens grecs, romains, gaulois, tombeaux, épitaphes, titres, chartes, chroniques, bijoux, monnoies, médailles, meubles, édifices anciens, etc.

Considérant que des recherches de ce genre avoient déjà été prescrites dans l'ancienne province de Bourgogne, par ordonnance de MM. les Élus-Généraux, en date du 9 septembre 1783; que ce travail, jugé depuis long-temps éminemment utile, ne peut qu'inspirer le plus grand intérêt;

Arrête :

ART. 1.er Dans toutes les fouilles qui seront faites, ou terrains à ouvrir pour travaux et ouvrages publics quelconques dans l'étendue de ce département, sous la direction de MM. les Ingénieurs et autres Employés du Gouvernement, ainsi que des Architectes,

Voyers des communes et d'établissemens publics, il sera par eux donné les ordres nécessaires aux Entrepreneurs desdits travaux et ouvrages, de mettre à part et avec soin les monumens et antiquités, où les fragmens et morceaux, quels qu'ils soient, ainsi que les ustensiles, meubles, médailles qui seront découverts par suite desdites fouilles ou d'ouverture de terrains.

2. MM. les Ingénieurs et autres Agens donneront sur le champ connoissance des objets qui auront été découverts ou trouvés, et des renseignemens qu'ils auront recueillis à ce sujet, à la Commission des antiquités, savoir : par notre intermédiaire, pour l'arrondissement de Dijon, à *M. Girault*, avocat à Dijon, président de la Commission; et par l'intermédiaire de MM. les Sous-Préfets, pour l'arrondissement de Beaune, à *M. Morelot*, médecin à Beaune; pour celui de Semur, à *M. Victor Rémond*, avocat à Semur, et pour celui de Châtillon, à *M. Bourrée*, médecin à Châtillon, et à *M. Collon*, curé d'Aignay-le-Duc; tous correspondans de la Commission.

3. Les particuliers qui feront faire des démolitions ou creuser des terrains, sont invités (1) à prévenir la Commission des objets de monumens et antiquités qu'ils auront également trouvés. La Commission prendra, avec ces particuliers, les arrangemens qu'elle croira convenables, dans le cas où il s'agiroit d'acquisition desdits objets, et après qu'elle se sera assurée qu'ils peuvent fournir des documens utiles sous le rapport des antiquités.

4. MM. les Maires sont de même invités à seconder de tout leur zèle le travail de la Commission. En conséquence, pour tous les objets ou monumens d'antiquités qui existent ou seroient découverts sur le sol de leurs communes, ils en donneront avis à la Commission par la voie indiquée à l'art. 2 ci-dessus.

5. Le présent Arrêté sera communiqué à S. Exc. le Ministre de l'intérieur; et inséré au Mémorial administratif. Il est recommandé aux Maires de lui donner la plus grande publicité, et de veiller à son exécution. (*Mémorial adm.*, 1819, pag. 350.)

---

(1) Pareille invitation a été faite par M. le Préfet, aux orfèvres du département, par avis inséré au Mémorial adm., 1820, page 295.

La Commission permanente des antiquités de la Côte-d'Or, formée dans le sein de l'Académie des sciences, arts et belles-lettres de Dijon, qui a vu la notice intitulée : *Archéologie de la Côte-d'Or*, rédigée dans l'ordre demandé par l'Académie des inscriptions et belles-lettres, par lettre du 10 juin dernier (1) adressée à M. le Préfet de la Côte-d'Or;

Délibère que cette série des antiquités découvertes jusqu'à ce jour dans chaque commune et canton du département, sera imprimée sur les fonds faits par le Conseil général du département à la Commission des antiquités, et sera envoyée aux Membres de la Commission d'histoire et d'antiquités de France, aux correspondans de la Commission archéologique de la Côte-d'Or, aux Maires, Curés ou Desservans des lieux mentionnés dans ladite notice, aux Ingénieurs, Architectes, Voyers, Chefs de travaux des différentes contrées du département.

Fait à Dijon le 17 octobre 1832.

Signé GIRAULT, *président*; G. PEIGNOT, GUENEAU-D'AUMONT, T. L. C. marquis de COURTIVRON, MATHIEU, *secrétaire*.

Approuvé par le Préfet de la Côte-d'Or :

Signé SÉGUIER.

───────────

(1) M. le Préfet, — « Les matériaux envoyés jusqu'à ce jour à l'Académie
« des inscriptions par la Commission des antiquités de la Côte-d'Or, ont été
« honorablement classés parmi les plus importans qui soient parvenus à
« l'Institut. On a seulement remarqué qu'en général ces divers Mémoires
« sont comme isolés les uns des autres, ne forment pas d'ensemble par arrondissement ou pour le Département entier, et sont par là insuffisans
« pour la description complète et méthodique, etc., etc., etc. »

Par autorisation de S. Ex., Le chef de la quatrième division.

Signé DE COURDOUET.

Contraste insuffisant
NF Z 43-120-14

www.ingramcontent.com/pod-product-compliance
Lightning Source LLC
Chambersburg PA
CBHW060517050426
42451CB00009B/1028